AF462923

LETTRE

SUR

LE GOUVERNEMENT REPRÉSENTATIF,

Par l'Auteur d'une Lettre sur le Pacte Social, imprimée en juillet 1815, avec cette épigraphe :

> Les droits du sang ne peuvent être détruits par aucune loi civile.
>
> DIGESTE *des règles du droit ancien.* Loi 8.

AUCH,

CHEZ V.e LABAT, IMPRIMEUR DE LA PRÉFECTURE.

1817.

LETTRE
SUR
LE GOUVERNEMENT REPRÉSENTATIF.

Vous regrettez, Monsieur, que je n'aie pas assez profondément médité le sujet du *post-scriptum* de la lettre qu'au mois de juillet 1815, je publiai sur le Pacte social, et vous désireriez que j'y eusse présenté des développemens, que, me faites-vous l'honneur de me dire, de plus amples réflexions m'auraient vraisemblablement fournis. Il me semble cependant que, d'une part, accuser les rhéteurs et les orateurs de tomber par tout et de tout temps dans le vice de tout prêter au vain son des mots et de ne s'occuper nullement des choses elles-mêmes, et d'autre part, affirmer qu'on n'invente la dénomination composée *Gouvernement représentatif*, que par imposture, ou par esprit de fausseté, et que d'ailleurs cette dénomination n'est en soi qu'un assez ridicule et très-inutile néologisme, c'était dire très-clairement que la chose signifiée par la réunion des deux mots en question, n'était rien de réel, ou n'était tout au plus, qu'une idée absolument fausse et très-creuse. Or, quels développemens pouvait mériter un sujet qui n'est rien en soi et hors de la fausse conception de quelques individus ? Aucun, sans doute. J'ose donc me flatter que vous m'accorderez sans peine, qu'il serait tout au plus permis de me reprocher, de n'avoir pas suffisamment prouvé l'opinion que j'ai manifestée sur cet objet.

C'est pourquoi, supposant que telle était votre pensée, je vais tâcher, non-seulement de réparer ici les fautes d'omission que je pourrais avoir commises, mais encore de démontrer que très-positivement il n'existe, ni ne saurait exister dans le monde, aucune chose, nulle idée juste et vraie, que l'on puisse judicieusement et sensément appeler *le Gouvernement représentatif*.

D'abord, quoi de plus neuf que cette longue dénomination ? Quoiqu'il se soit écoulé cinq ou six générations depuis que notre langue est parvenue à son plus haut point de perfection, on ne la trouverait dans aucun des dictionnaires publiés avant 1790. Elle fut inconnue à tous nos bons écrivains des siècles de Louis XIV et de Louis XV, et particulièrement à Montesquieu lui-même, à Voltaire et à tous leurs confrères et contemporains de l'académie française : en un mot, il y a tout au plus quinze ou vingt ans, qu'on a cherché à la mettre en vogue. Mais cette nouveauté de son existence ne formerait-elle donc pas un très-puissant préjugé contr'elle ? Du moins est-il bien constant que chaque nom, soit formé d'un seul terme, soit composé de deux, ou d'un plus grand nombre de mots, n'étant institué que pour servir de simple signe vocal purement indicatif de l'une des choses distinctes qui existent réellement, ou du moins de l'idée qui la représente exactement dans l'esprit des hommes, il n'y a nulle vraisemblance qu'une dénomination inconnue à toutes les générations qui nous précédèrent dans le monde, signifie quelqu'une des choses qu'elles connaissaient elles aussi. Car si nos ancêtres, ou si tous les plus éclairés de nos pères et aïeux eussent connu cette même chose, ils lui eussent très-positivement imposé son propre nom, et alors ne serait-ce pas sans nécessité que nous le lui changerions aujourd'hui ?

S'ils n'ont jamais connu cette même chose et s'ils ne l'ont jamais nommée, par quel privilége sommes-nous parvenus à voir ce qu'ils n'avaient jamais su voir ; à connaître une chose qu'ils n'avaient jamais connue, dont ils n'avaient pas même soupçonné l'existence ? Nos yeux et notre esprit sont-ils meilleurs que les leurs ? Leur sont-ils supérieurs en nature et en perfection ?

Remontons ensuite à l'origine assez récente de la dénomination composée dont il s'agit. On ne l'a pas trouvée tout d'un coup. On n'est parvenu jusqu'à elle que par degrés, à tâtons et comme par forme d'amendement. Au fonds et tout bien considéré, son premier inventeur fut Mirabeau le roué, lorsque se trouvant à la tête des factieux de 1789, et voulant donner sa première impulsion à notre funeste révolution, et lui imprimer son premier mouvement, il imagina, pour masquer l'inconséquence de ses vues personnelles, de parler d'une *démocratie représentee*, ou d'une *démocratie représentative*.

Cette dénomination exprimant clairement sa pensée, fut adoptée par les complices des premiers crimes de la révolution, et ceux qui lui succédèrent dans sa place de chef des démagogues, tels que les Marat, les Robespierre et autres, la trouvèrent si sublime et si lumineuse, que tout le reste de leur vie, ils ne parlèrent plus que de *démocratie représentative* et de *démocratie représentee*. Mais après leur mort, tous ceux des principaux instrumens des forfaits de ces monstres, qui cherchèrent successivement à s'en approprier les fruits à titre de conquête, se crurent intéressés, à la rendre plus obscure et moins intelligible, par quelqu'adroite modification. Néanmoins ils ne virent rien de mieux que d'en éliminer le mot *démocratie*, pour lui substituer celui *gouvernement*. De là nous est donc venu le néologisme *Gouvernement représentatif*. Origine vraiment respectable ! naissance vraiment digne des succès qu'il a obtenus dans le monde ! Il était neanmoins naturel qu'il les obtînt parmi les révolutionnaires. Mais n'est-on pas en droit d'être surpris qu'il ait fait la même fortune parmi les amis et partisans du principe de la légitimité ?

Cependant dans l'idée et dans la bouche des Mirabeau, Marat, Roberspierre et consorts, il signifiait que, de droit imprescriptible et inaliénable, l'autorité souveraine appartenait à l'être collectif de la nation, et devait être exercé sur ses divers membres, par l'assemblée de ses représentans.

Dans la bouche, ainsi que dans l'esprit de tous ceux de leurs anciens complices et suppots, qui leur survécurent, il signifiait que la souveraineté appartenant incontestablement à la nation, tout pouvoir vient du peuple et est institué par et pour le peuple, mais ne peut être exercé, 1.° que par un directoire et deux conseils, l'un des cinq cent et l'autre des anciens, qui représenteraient la nation, ou 2.° que par un 1.er, 2.e et 3.e consuls, un sénat conservatoire permanent, un corps législatif et un tribunat mobiles, lesquels représenteraient le peuple, ou 3.° que par un empereur, un sénat conservatoire à vie, et un corps législatif, dont les membres seraient nommés de cinq en cinq ans, par les colléges électoraux des départemens qu'ils représenteraient dans ce corps. Mais ce n'étaient là que de fallacieuses et mensongères idées. L'on ne les mettait même en avant, qu'afin de faire oublier à tout le monde, s'il eût été possible, que les chefs de meute de toutes les factions révolutionnaires ayant usurpé toute l'autorité qu'ils exerçaient, ils n'étaient en toute réalité que de vrais tyrans; et la nation qu'ils disaient représenter, n'était sous leur tyrannique domination, qu'un troupeau de misérables esclaves, qui se laissaient ignominieusement réduire à la plus honteuse des servitudes.

D'ailleurs, dans un opuscule écrite en juin 1815 sous ce titre : *Du principe fondamental de tous les partis révolutionnaires ;* opuscule que j'ai fait réunir à ma lettre déjà citée sur le Pacte social, je crois avoir invinciblement prouvé, 1.° qu'il est faux et très-faux que la souveraineté puisse de droit naturel appartenir à un peuple quelconque, et 2.° qu'en France, elle n'a jamais appartenu à la personne imaginaire et feinte de la nation, ni par le droit naturel ni par le droit des conventions entre hommes. Malgré cela, nos *citra-royalistes* (1) du jour, ne nous parle-

(1) Les chauds et tenaces partisans des fausses doctrines révolutionnaires; les gens qui ont tour-à-tour servi de tou-

raient-ils donc encore d'un *Gouvernement représentatif*, que pour fondre et noyer ce qu'ils appellent eux le principe de la légiti-

---

tes leurs forces et moyens les chefs des différentes factions qui, durant près *d'un quart de siècle*, ont successivement tyrannisé la France; les gens qui s'étaient figuré que ce laps de temps suffisait pour acquérir à leurs fausses maximes un droit de prescription indestructible; ces versatiles protées; ces flexibles caméléons, qu'on a continuellement vus passer du soir au matin à l'ordre du jour pour prendre les couleurs et le ton du parti dominant; en un mot, tous les soi-disans *libéraux*, qui, depuis l'expulsion de leur dernier tyran se disent royalistes, comme Voltaire et tous ceux qui niaient avec lui la divinité de J. C. se seraient dits bons chrétiens; ces gens-là, dis-je, ayant donné le nom d'*ultra-royalistes* à toutes les personnes qui pensent qu'en France, l'autorité souveraine appartient en entier et sans partage avec qui que ce soit, à la seule personne du monarque, que les droits de sa naissance ont légitimement placé sur le trône, il est bien juste qu'à leur tour on les appelle *citra-royalistes;* car ceux qu'ils nomment des *ultra-royalistes* ne sauraient leur paraître outre-passer le royalisme, que parce qu'eux-mêmes restent en deça et se prennent néanmoins pour l'exacte et juste mesure de la vérité, quoiqu'au fonds elle soit rarement logée dans leurs esprits et peut-être aussi dans leurs cœurs.

Au reste, je ne les qualifie de soi-disans *libéraux*, que parce qu'ils usurpent ce titre, et qu'il n'y a nul rapport de ressemblance entre le caractère d'un homme vraiment libéral, et celui d'un homme si violemment épris de l'amour de la liberté, qu'il ne sait plus la reconnaître où elle se timité, avec la fausse supposition, (n'a guères par eux regardée comme un autre principe), que l'autorité souveraine appartenant à l'être collectif de la nation, il faut nécessairement

---

trouve vraiment, ni la voir qu'où elle n'est réellement pas.

Et en effet, que peut-il y avoir de commun entre la libéralité et la liberté ? Rien : absolument rien. C'est donc à faux et sans raison que nos aveugles idolâtres de la dernière, ou plutôt du nom de la dernière de ces deux choses si différentes, se glorifient de leur *libéralité*, d'être *libéraux*. Mais s'ils n'avaient pas autant d'ambition pour abâtardir et frelater le langage de nos pères, que pour corrompre les mœurs de leurs concitoyens, au lieu de s'afficher pour des hommes *libéraux*, ne se seraient-ils pas contentés de prendre le nom de *libertinaux ?*

Au fonds, *libéral* ne dérive en aucune manière du mot *la liberté.* Mais en revanche, d'après toutes les lois de l'étimologie, le mot *libertinal* pouvait seul en être dérivé. Que ces prétendus champions de *la liberté* se parent donc tant qu'ils voudront du titre de *libertinaux* : j'y consens. Mais qu'ils ne se flattent pas d'infirmer mon observation en m'objectant l'usage de distinguer les arts en arts libéraux et en arts mécaniques. Car lorsqu'on gratifie du titre de *libéraux* tous les arts où l'esprit agit plus que le corps, ce n'est point parce qu'ils sont plus libres, ni parce qu'ils exigent plus de liberté que ceux où le corps agit plus que l'esprit. Il est, au contraire, très-certain que la pratique des arts mécaniques n'exige pas moins de liberté dans celui qui les exerce, que celle des arts libéraux. Peut-être même en exige-t-elle davantage, puisqu'il y faut la liberté du corps et celle de l'esprit.

que désormais, elle ne puisse être exercée en commun, que par les délégués et représentans légitimes de la personne idéale de ce même être collectif ?

Ce serait un étrange et bien incohérent amalgame. Mais tâchons de pénétrer au-delà de l'écorce du vain son des mots dont ils se servent. — Qu'y trouverons-nous ? — Les choses elles-mêmes, et l'idée exacte et complète qu'ont de chacune d'elles, les personnes qui les connaissent le mieux, et savent bien user de leur esprit.

Cependant dans la matière que nous traitons, les choses sont les hommes et leur vie dans ce bas-monde.

Partout les hommes ne sont que des hommes, c'est-à-dire qu'ils ne sont que des êtres agissans chacun par lui-même, volontairement et librement ; obligés, tenus d'agir bien ; mais pouvant agir mal, même très-mal, et la plupart très-enclins et disposés à mal agir, lorsque rien ne les contient dans la ligne de leurs devoirs.

Par une suite de ce dernier vice de la nature humaine, aussitôt que leur multiplication eut mis les hommes dans la nécessité d'agir plusieurs à la fois sur un même théâtre, dont les bornes les laissaient fréquemment exposés à de mutuels et réciproques chocs et contre-chocs, chacun s'y trouva très-intéressé à chercher et une manière d'être entr'eux moins désavantageuse pour tous, et les moyens d'éviter d'aussi cruels et funestes inconvéniens. Or ils ne tardèrent pas à les trouver, car il y a déjà plusieurs milliers d'années, qu'en chacune des parties du globe, tous ses habitans se sont volontairement soumis à la suprême autorité d'un commun supérieur, investi du droit de leur tracer des règles de conduite, et de mettre en œuvre tous les moyens nécessaires pour assurer leur exécution, et ôter à chacun toute idée, toute envie, tout désir, tout dessein de s'en écarter, et de nuire par cela même à ses semblables.

Cette dernière manière d'être des hommes entr'eux, ou les uns à l'égard des autres, est précisément la chose qu'on est convenu de nommer leur état de société civile, ou simplement la société civile. Ce nom seul indique qu'elle ne doit son existence qu'à l'unique volonté des hommes, puisque, dans son principe, elle ne fut primitivement contractée qu'entre tous les habitans d'un médiocre territoire, que l'on nomma CITÉ (*civitas*), et qu'avec le laps du temps elles ne se sont agrandies, dans certains pays, que par la réunion de deux, trois, ou un plus grand nombre de cités, en une seule société civile ou politique.

Il est, en effet, très-certain que l'état de cité ne fut pas la primitive manière d'être des hommes entr'eux ; c'est-à-dire que la société civile ne fut pas l'état respectif dans lequel ils se trouvèrent immédiatement après la création du genre humain.

Elle présuppose, d'une part, l'obligation d'obéir, et de l'autre, les droits d'ordonner, de commander ou de prescrire, et de poursuivre, procurer et assurer la parfaite et juste exécution des ordres déjà donnés, des commandemens ou des préceptes déjà notifiés et transmis ; et cependant, quoique l'auteur de toutes choses eût, dès le principe, imposé des devoirs indestructibles à tout homme quelconque, envers tous et chacun de ses semblables, cette obligation et ces droits n'appartenaient à qui que ce soit au monde, avant l'établissement de la société civile. Ils ne furent donc institués que par le même acte qui introduisit parmi les hommes cet état ou cette nouvelle manière d'être chacun à l'égard de tous ceux de ses semblables, que leur voisinage mettait ou pouvait mettre fréquemment en rapport avec lui.

Cet acte ne peut être qu'une convention entre tous les premiers fondateurs d'une même cité. Or toutes les clauses et stipulations de cette convention primitive entre l'universalité des premiers sociétaires, furent, dans leur ensemble, la chose qu'ils nommèrent leur PACTE ou CONTRAT SOCIAL, ou les lois fondamentales et constitutives de leur association politique ou civile; en un mot, de leur cité.

Ils le nommèrent *pacte*, parce que n'ayant d'autre substance que les paroles qu'ils s'y donnaient mutuellement et réciproquement, cette convention entre tous n'avait pour chacun, d'autre force obligatoire que celle que lui imprimait la libre volonté des auteurs de toutes les paroles, ou promesses réciproquement données et reçues ou acceptées.

Ils le nommèrent *contrat*, parce que chacune de ses parties stipulantes s'y imposait elle-même envers toutes les autres, l'obligation étroite et parfaite d'accomplir fidèlement, sans dol, ni fraude, ni déception, toutes les promesses qu'elle leur avait librement et volontairement faites, et qu'elles avaient acceptées de même.

Ils ajoutèrent l'épithète *social* à ces noms *pacte*, *contrat*, parce que l'établissement de leur CITÉ étant l'unique but, l'unique fin qu'ils s'étaient proposés dans cet acte, ils jugèrent très-important d'en déterminer invariablement l'espèce, et de lui donner un nom qui aidât à distinguer cette convention générale et primitive, de toute autre espèce de contrats entre hommes.

Ils nommèrent aussi ses clauses et stipulations, *des lois*, parce que l'un des préceptes de la loi divine ayant déjà imposé à tout homme le devoir indestructible d'accomplir exactement toutes les promesses qu'il aura voulu faire, et de ne jamais enfreindre, ni fausser aucune des paroles qu'il aurait volontairement et librement données à autrui, ce précepte élevait lui-même leur contrat social au rang de toutes ces règles obligatoires des actions et de la conduite des hommes, qu'on est convenu de nommer LES LOIS.

Enfin, ils donnèrent à toutes les clauses et stipulations de leur pacte social, le nom de *lois fondamentales et constitutives* de leur société civile, ou cité, parce que la constituant ce qu'elle devrait être à l'avenir, elles étaient l'unique source d'où devait découler le vrai fondement sur lequel doit poser toute la force obligatoire de ses autres lois purement humaines.

C'est donc ainsi qu'en toute société civile, ou cité, non-seulement ce qu'on y nomme les droits politiques et les obligations civiles, ou sociales, de chacun de ses individus, mais encore l'obligation d'obéir à un même suprême supérieur pour tous, et les droits appartenans à ce dernier, 1.° de donner des ordres, ou de commander à ses inférieurs ou subordonnés, et de les gouverner; 2.° de procurer la juste exécution de ses ordres, commandemens et préceptes, en réprimant et punissant, ou faisant punir les désobéissances et transgressions, sont provenus des conventions unanimement arrêtées entre tous ses premiers fondateurs et n'ont pu provenir que de cette unique source. Or, afin de mieux faciliter l'intelligence de ces différentes choses, ils nommèrent leur cité, *l'État ;* son suprême supérieur, *le Souverain* ou *le Prince ;* le premier des deux droits attribués à leur commun supérieur, *le Pouvoir législatif;* le second de ces deux droits, *le Pouvoir exécutif ;* et l'union intime de ces deux mêmes droits, *la Puissance* ou *l'Autorité souveraine, la Souveraineté.*

Quant à la personne à qui l'Autorité souveraine fut conférée, ce fut partout, dans les premiers temps, un homme seul; et à raison de sa dignité, cet homme seul reçut dans chacune des différentes langues un nom particulier à elle seule, que les Latins exprimèrent dans la leur par le mot *Rex,* duquel nos pères ont tiré ce nom français LE ROI. Ainsi nous pouvons en ce sens affirmer que, dès leur origine, toutes les plus anciennes Sociétés civiles furent soumises à des Rois. *In principio mundum penès habuere Reges,* dit Justin. C'est un point de fait qu'il ne faut jamais perdre de vue.

Il est même si fort incontestable, que les anciennes peuplades ou cités de la Grèce, qui, dans leurs annales, nous sont dépeintes si remuantes, si inquiètes, si peu constantes, si passionnées pour les nouveautés et les changemens, si continuellement déchirées par les divisions intestines et presque toujours en état de guerre au-dedans ou au-dehors ; ce point de fait, dis-je, est même si fort incontestable, que ces antiques peuplades de la Grèce commencèrent toutes par n'avoir elles-mêmes que des Rois, et ne connurent durant plusieurs siècles, aucune autre espèce de Souverain. Cependant les anciens Grecs furent les premiers de tous les hommes, qui découvrirent la possibilité de conférer la puissance, ou l'autorité souveraine, à des personnes factices, idéalement composées de plusieurs individus, et ce fut dans leurs petites cités que nâquirent, ou pour mieux dire, que furent imaginées et inventées les premières et plus anciennes corporations souveraines, qu'on ait connues dans le monde.

Car, au dire de Plutarque, Thésée voulant agrandir son royaume d'Athènes, en réunissant en une seule société civile, douze cités indépendantes qui existaient précédamment dans l'Attique, il imagina un nouveau plan d'organisation civile, ou politique, qui fournit la première idée de l'aggrégation de plusieurs individus en un seul être collectif, susceptible d'être assimilé à un homme seul, et que pour cette raison on nomma une *personne morale*, ou imaginairement formée. Il se trouva très-mal, il est vrai, du succès de son invention. Néanmoins ce ne fut que très-long-temps après sa mort, que les Athéniens ne voulant pas donner de successeur à leur Roi Codrus, commencèrent par conférer la royauté de leur pays à leur Dieu Jupiter, auquel ils donnèrent pour lieutenant, d'abord, un Archonte à vie, ensuite un Archonte décennaire, et enfin un Souverain composé de plusieurs individus.

Les Athéniens eurent donc la gloire de fournir les premiers au monde, le spectacle d'une société civile dont le Souverain n'était point un homme, mais une personne fictive et idéalement composée, d'abord des principaux citoyens, et dans la suite des temps, de tous les individus de l'État, supposés ne former moralement ensemble qu'une seule et même personne. Ils imaginèrent même de subordonner la composition de cette personne morale à différentes des combinaisons numériques, que l'art des calculs peut nous fournir. Quoique tous les anciens peuples de l'Afrique et de l'Asie restassent fortement attachés à leurs premières institutions, les Athéniens trouvèrent néanmoins plusieurs imitateurs parmi les diverses peuplades de la Grèce et de l'Italie, et comme ces imitateurs dédaignèrent de n'être que des singes, ou que d'ineptes et serviles copistes d'autrui, toutes les combinaisons suivant lesquelles il était possible de composer idéalement la personne morale, ou feinte d'un Souverain, furent bientôt épuisées.

Mais ce n'était pas tout que d'imaginer ces nouvelles formes d'État, ou de Société civile : il fallait donner à chacune son nom propre et distinctif. Or, c'est ce que les Grecs firent assez heureusement en lui en composant un, qu'ils formèrent de deux mots ayant chacun en leur langue, une signification susceptible d'aider à définir la chose à laquelle ils donnaient une dénomination ainsi composée.

En effet, des deux mots *monos* (seul) et *archo* (je commande), ils formèrent le nom *monarchia* (monarchie), pour désigner les cités dont le Souverain est un homme seul, ou dans lesquelles un seul commande.

Des deux mots *aristos* (les meilleurs) et *krateo* (je commande), ils formèrent *aristokratia* (aristocratie), pour désigner l'espèce des Sociétés civiles où les principaux et les plus notables des citoyens commandent et exercent en commun la Puissance souveraine.

Des deux mots *demos* (tous ou le peuple) et *kratoïn* (commander , régir), ils formèrent *demokratia* (démocratie) , pour servir de nom à l'espèce particulière des cités dont tous les individus exercent en commun la Puissance souveraine.

Nous avons emprunté ces mots à la langue grecque. Mais les racines dont les Grecs les avaient formés , n'ayant aucune signification parmi nous , ils n'ont pas dans notre langue comme chez eux , l'avantage de nous présenter eux-mêmes l'exacte définition de la chose que chacun signifie.

Du reste , ces trois premières formes d'États, la monarchie , l'aristocratie et la démocratie étant les seuls élémens qu'on puisse faire entrer dans la composition des autres espèces de Sociétés civiles, qu'il est possible d'imaginer , les noms de celles-ci se forment de la réunion du nom des élémens dont chacun de ces

États mixtes est composé. Par exemple, si l'on composait la personne du Souverain d'un État quelconque, d'un Roi et d'une corporation des principaux citoyens, laquelle partagerait avec le Roi la puissance souveraine, de manière qu'il ne leur fût loisible de l'exercer que d'un commun accord et concert, cet État serait un mixte d'aristocratie et de monarchie, qu'on appellerait *aristo-monarchie* : si on la composait d'un sénat et de la corporation de tous les autres individus du peuple, cet État serait ce que l'on doit nommer un *aristo-démocratie*, etc. etc.

En général donc, il existe ou pourrait exister différentes espèces tant de monarchies que d'aristocraties, des démocraties et des états ou gouvernemens mixtes de plus d'une espèce ; savoir, des monarchies héréditaires et des monarchies électives, des monarchies absolues ou despotiques et des monarchies limitées et tempérées ; des aristocraties héréditaires et des aristocraties électives, l'un et l'autre ordinairement absolues ou despotiques ; des démocraties toujours despotiques ; enfin des états ou gouvernemens mixtes, dans la composition desquels il entre, ou peut entrer, 1.° des parties de monarchie et d'aristocratie soit héréditaire, soit élective, soit de l'une et de l'autre espèce; 2.° des parties d'aristocratie et de démocratie.

Telles sont ces choses; tels sont les noms qu'elles ont toujours eu. Mais aucune d'elles ne fut jamais appelée *un Gouvernement représentatif*. Aucune d'elles n'a besoin pour être mieux connue, de recevoir ce nouveau nom, qui, loin d'expliquer sa nature, la couvrirait de plus épaisses ténèbres. En existerait-il néanmoins quelqu'autre, à laquelle, contre mon avis, il appartiendrait et doit être donné? C'est ce qu'il faut maintenant examiner.

Si dans cet objet, nous ouvrons nos meilleurs dictionnaires au mot *Gouvernement*, nous y verrons qu'il sert de nom à plusieurs choses différentes, et n'ayant entr'elles absolument aucune identité. Si nous rapprochons après cela, de l'espèce de chacune de ces choses différentes, le sens de l'épithète *représentatif*, ou *qui représente*, nous reconnaîtrons évidemment qu'elle ne convient à aucune d'elles. N'en faudra-t-il donc pas conclure que l'expression *Gouvernement représentatif*, n'est qu'une fausse et très-vicieuse alliance de mots?

Cependant parmi la multiplicité des choses hétérogènes signifiées par ce même nom *Gouvernement*, il en est quelques-unes qui méritent un plus grand détail. Et en effet, il signifie quelquefois, 1.° l'action de gouverner, ou la manière dont est exercé le droit qu'on a de gouverner; 2.° la forme d'un État, ou la manière dont il doit être gouverné; 3.° la personne qui gouverne, ou qui a le droit de gouverner.

Dans la première de ces trois acceptions, dire que, soit l'action de gouverner, soit la manière dont est exercé le droit qu'on a de gouverner, est *représentative*, ce serait très-certainement proférer une grande et très-grande absurdité.

Dans la seconde, pour exprimer quelle est la forme d'un État, ou de quelle manière il est ou doit être gouverné, l'on dit communément tel ou tel État est *un Gouvernement* ou *monarchique*, ou *aristocratique*, ou *démocratique*, ou *mixte*, c'est-à-dire mêlé de deux ou même de trois des précédentes formes. Or, cela signifie que cet Etat est et doit être gouverné, soit par un homme seul qu'on nomme en général le Monarque, soit par une corporation de plusieurs des principaux citoyens, de laquelle les membres ou se succèdent par le droit de leur naissance, ou sont élus et nommés en un mode réglé par les lois constitutives de l'état, soit par le corps de tous les citoyens, soit par une personne morale, ou idéalement composée de deux, ou de trois des précédentes espèces de personnes, qu'on supposerait ne former à elles deux, ou bien à elles trois, qu'une seule et même personne assimilée à un seul individu d'espèce humaine. Mais en tous ces divers sens, ne serait-ce pas encore une inepte et puérile absurdité de dire d'un État quelconque, que son Gouvernement est ou *monarchique représentatif*, ou *aristocratique héréditaire représentatif*, ou *aristocratique électif représentatif*, ou *démocratique représentatif*, ou *mixte représentatif ?*

Quant à la dernière des trois acceptions ci-dessus, je pose d'abord en principe, qu'en toute société civile quelconque, la seule personne qui ait le droit de la gouverner, ou de la diriger et conduire avec autorité, est celle du légitime Souverain établi par son pacte social. Par conséquent, toutes les fois que par ce mot le *Gouvernement*, on ne veut entendre que la personne qui gouverne, ou qui a le droit de gouverner, alors le légitime Souverain est à lui tout seul le Gouvernement, soit qu'il soit une personne physique et réelle, c'est-à-dire un homme seul, soit qu'il soit une personne morale, ou fictivement composée de plusieurs individus, ou même, si l'on veut, de tous les associés.

En ce sens donc, le Gouvernement de toute monarchie sera son Monarque seul; le Gouvernement de toute aristocratie héréditaire sera la personne morale de l'être collectif de tous les nobles, que leur naissance a faits membres de la corporation souveraine; le Gouvernement de toute aristocratie élective sera la personne morale de tous ceux des citoyens qui auront été nommés ou élus, en un mode vraiment légal, membres de la corporation investie de la puissance souveraine; le Gouvernement d'une véritable démocratie sera la personne morale de l'être collectif de tous les citoyens, c'est-à-dire, du peuple; enfin le Gouvernement des états mixtes sera la personne morale composée des diverses espèces de personnes souveraines qu'on fait entrer, (chacune comme simple partie intégrante ou fractionnaire), dans la surcomposition de leur Souverain. Mais ni le Monarque, ni le Collége souverain d'une aristocratie héréditaire, ni le Collége souverain d'une aristocratie élective, ni le Peuple souverain de la démocratie, ni la personne surcomposée du Souverain d'un état mixte, ne sont des êtres représentatifs. Cette épithète *représentatif*, ne peut donc pas être raisonnablement ajoutée au mot *Gouvernement*, lorsque par ce mot on n'entend que l'unique personne du Souverain d'une société civile quelconque.

Cependant c'est principalement dans les états mixtes, ou dont le Souverain n'est qu'une personne feinte et idéalement surcomposée, que les partisans du néologisme combattu, croient voir la chose que, sans jamais se donner la peine de la définir clairement, il leur plaît d'appeler *le Gouvernement représentatif*. Il faut donc analyser avec soin l'être idéal et imaginaire de cette forme spéciale d'états, ou de sociétés civiles. Mais auparavant, je me permettrai, Monsieur, une petite digression, pour demander aux idolâtres admirateurs de cette prétendue merveille, de ce prétendu phénix, de ce soi-disant chef-d'œuvre des conceptions humaines; à quoi bon la surcomposition de la personne du Souverain de cette sorte d'états ?

S'ils me répondaient qu'on l'a imaginé dans l'intérêt de la liberté, je me permettrais de leur répliquer : ou vous ne savez pas ce qu'est en soi la seule chose proprement nommée *la liberte*, ou vous devez nécessairement voir que dans toute société civile quelconque, tout homme conserve toujours et posséde cette même chose, cet attribut naturellement inséparable de l'être de chacun de nous, et que par conséquent l'intérêt de la vraie liberté, de la liberté proprement dite et nommée, n'a nul besoin qu'on choisisse entre les différentes formes de Gouvernement et qu'on en préfère quelqu'une à toutes les autres. J'userai même de ma liberté proprement nommée, pour leur observer en outre, avec toute la franchise d'un vieux Français, que tous ceux qui rêvent et se figurent que les droits et priviléges, soit d'une personne seule, soit d'une coporation, nommés par figure de mots, *les libertés de cette personne, ou de cette corporation*, deviennent par cette tournure de langage, le pluriel du mot *la liberté*, pris en un sens propre, sont des gens qui ne savent nullement leur langue, ou qui du moins commettent alors une faute de langage si lourde et si grossière, qu'elle présupposerait nécessairement en eux, une excessive faiblesse de jugement. Car outre que la vraie liberté n'est ni un droit, ni un privilége, et ne donne ni droit, ni privilége à rien; outre cela, dis-je, la chose ainsi nommée en un sens propre, étant une chose unique en son essence, laquelle n'a ni genre, ni espèce, ni individus, son vrai nom ne saurait avoir de pluriel. C'est pourquoi, lorsque par figure de mots, on prête aux droits et priviléges de quelqu'un ce nom *les libertés*, ce pluriel n'a pour lors d'autre singulier que le mot *une liberté*. En effet, quel est l'homme à demi sensé, qui, dans le cas où il ne s'agirait, par exemple, que du droit des enfans à succéder à leur père et du privilége qu'ils ont de recueillir sa succession et d'en exclure toute autre personne, ou que de quelqu'autre droit quelconque, mais un en soi, voudrait se permettre de nommer cela *la liberté des enfans*, ou de tout autre possesseur d'un seul droit et privilége ? Quel est celui qui, dans un pareil cas, ne craindrait pas que s'il s'exprimait ainsi, l'on ne se mocquât de lui ? Aucun sans doute ; et l'on ne voudrait pas tourner en ridicule et bafouer tous ces soi-disans beaux génies et beaux esprits, qui vous disent d'un ton burlesquement dogmatique, que les droits et priviléges d'un être collectif, ou même d'un seul individu, sont la liberté !....

Vos, ô doctiorum (1) sanguis, quos vivere parest
Occipiti cæco, posticæ occurrite sannæ.

---

(1) Perse a dit, j'en conviens, *ô patricius sanguis !* Mais j'ai cru que, sans manquer au respect dont je fais profession pour les vrais savans, qui sont toujours très-modestes, je pouvais me permettre de substituer à son *patriciat* une classe des plus doctes, uniquement composée de tous ces beaux diseurs à grandes prétentions, qui, donnant une forte pesanteur à la fumée, ajoutent aux mots infiniment plus de prix et de valeur que n'en ont réellement en soi les choses qu'ils nous masquent sous leur enveloppe purement sonore, et de tous ces gens dont Montaigne nous dit, dans son chapitre de la vanité des paroles, « Ce sont cordonniers qui savent faire de grands » souliers à de petits pieds, et qui font état de tromper, » non pas nos yeux, mais notre jugement, et d'abâtardir » et corrompre l'essence des choses. » A cette même classe des plus doctes appartiennent aussi tous les partisans et

Si malgré ces observations, les auteurs et partisans du néologisme en question, se fondaient sur l'autorité d'un ouvrage célèbre, dans lequel néanmoins on aurait peine à trouver deux définitions munies de ce degré d'exactitude, de justesse et de vérité, qui seul peut les rendre soutenables et admissibles ; s'ils se fondaient, dis-je, sur cette autorité, pour me dire que la surcomposition de la personne morale du Souverain des États mixtes est d'autant plus nécessaire pour y établir la liberté politique, que « la liberté » politique dans un citoyen étant cette tran-

suppôts du philosophisme des 18.e et 19.e siècles, et tous ces puristes et élégans péroreurs qui, se figurant qu'un adjectif équivaut au génitif du substantif analogue, qualifient, par exemple, la morale comme ils qualifieraient une fille de joie, une prostituée, et vous parlent avec le ton de la plus haute suffisance, d'une *morale publique*, comme si cette expression était vraiment synonime de celle *morale du public ;* comme s'il existait deux morales, l'une connue de tous et l'autre secrète ; comme si la morale que tout le public et même tout le genre humain est obligé de pratiquer, n'était pas la même morale à laquelle tout homme quelconque doit conformer ses actions personnelles et particulières, pour agir bien. Certes, si tous ces gens-là ne vivent pas *occipiti cœco,* il ne s'en faut guères.

» quillité d'esprit qui provient de l'opinion » que chacun a de sa sureté, il faut, pour » qu'on ait cette liberté, que le Gouvernement » soit tel, qu'un citoyen ne puisse pas crain- » dre un citoyen. » Je leur répondrais,

1.° Cette définition de la liberté politique n'est pas moins ridicule que celle où, pour définir un rocher, on nous dirait qu'un rocher est un arbre, ou l'opinion qu'on a de cet arbre. Car il n'y a pas plus de rapport entre la chose nommée la *liberté* et celle nommée la tranquillité d'esprit, ou la sureté, qu'il n'en existe entre ce qu'on appelle un *rocher* et ce qu'on nomme un *arbre*.

2.° Si l'on n'appelle liberté politique dans un citoyen que cette tranquillité d'esprit, dont parle la ridicule définition que je combats, ce serait sans raison suffisante qu'on lui donnerait le nom de *liberté politique*. Car la tranquillité d'esprit provenant de l'opinion que chacun a de sa sureté, ni même la sureté de chacun, n'a dans son essence rien de commun avec ce qui entre dans l'essence de la liberté proprement dite. S'il faut donc, pour qu'on ait cette tranquillité d'esprit, *qu'un citoyen ne puisse pas craindre un citoyen*, loin que cette circonstance permette de dire qu'alors on a une liberté quelconque, elle semblerait au contraire indiquer qu'on n'a nulle liberté. Pourquoi ? Parce qu'un citoyen sensé ne peut cesser de craindre des hommes, que lorsque ces hommes sont privés de la liberté d'agir d'une manière qui puisse lui devenir préjudiciable.

Ce n'est, en effet, que quand ils usent injustement de leur liberté, que des hommes peuvent et doivent être craints par d'autres hommes. La forme de Gouvernement qui ôterait cette crainte à tous, ne peut donc être que celle qui priverait tous les citoyens de leur liberté naturelle. D'où il suit que si la surcomposition de la personne morale du Souverain d'un État mixte mettait vraiment un citoyen dans le cas de ne pas craindre un citoyen, loin d'être nécessaire pour établir la liberté dans l'État, elle l'y anéantirait au contraire ; tant il est vrai que la soi-disant liberté politique, qu'on suppose exister exclusivement dans les Gouvernemens mixtes, n'est en substance qu'une ridicule chimère. Tant il est vrai qu'au fonds, dans ces sortes d'États, il n'y a ni plus, ni moins de vraie liberté, de liberté proprement nommée, que dans chacune de toutes les autres formes de Gouvernement !

Cependant, Monsieur, mes deux dernières observations prouvent déjà que moi aussi j'ai lu le chapitre VI du liv. XI de l'ouvrage célèbre que j'y ai cité. Or, ce chapitre, dans lequel son auteur parle bien plus en simple historien qui raconte les vaines et illusoires imaginations et rêveries de certains esprits, qu'en homme qui raisonne et juge sainement de la vraie nature des choses dont il traite, nous présente la description de la constitution d'un Gouvernement mixte, et on nous la donne, on ne sait par quels justes et raisonnables motifs, pour un modèle par excellence. Mais les éloges pompeux que ses enthousiastes admirateurs lui prodiguent, n'ont jamais pu m'empêcher de ne voir dans cette prétendue sublime constitution, qu'une monstruosité vraiment ridicule, parce qu'elle rompt, brise et casse la puissance souveraine en trois pièces ou morceaux, pour la partager inégalement entre trois différentes espèces de personnes (1), quoique dans son essence

(1) J. J. Rousseau compare ces morceleurs et distribu-

l'autorité souveraine étant naturellement indivisible, elle doive rester éternellement une et entière ; et quoique tous les plus sages publicistes aient toujours eu grand soin d'avertir qu'il fallait bien se garder de la diviser, sous prétexte de la limiter, en quoi ils ont grandement raison ; puisque limiter et diviser étant deux opérations très-différentes l'une de l'autre, c'est vraiment ne jamais limiter la puissance souveraine et n'opposer aucunes bornes à son exercice, que de se contenter de la morceller et de la diviser.

Je n'examinerai pourtant pas si cette énorme faute a réellement été commise ou non, dans le pays auquel on nous dit que cette constitution appartient ; et faisant abstraction de tout ce qu'elle y est, ou n'y est pas en réalité, j'envisage uniquement ce qu'en dit la description qu'on nous en a faite.

D'après cette description, le Souverain de l'État mixte en question, n'est qu'une per-

---

teurs de la puissance souveraine, à ces charlatans du Japon qui, après avoir dépecé un enfant, en jettent les morceaux l'un après l'autre en l'air, et les font retomber rassemblés et vivans aux yeux des sots ébaubis. Or, en cela, Rousseau n'a pas tort de se mocquer d'eux et de leurs partisans.

sonne morale, idéalement composée de trois différentes espèces de personnes, et elle en est composée de sorte qu'aucune de ces trois personnes différentes n'est à elle seule le Souverain, quoiqu'elle en fasse partie, et qu'elle soit uniquement l'un de ses membres essentiels, l'une de ses fractions.

Ces trois parties composantes d'un seul et même être, d'un même tout; ces trois parties fractionnaires de la personne idéalement composée ou fictive du Souverain, sont,

1.° Une personne réelle et physique, à laquelle, à raison de ce que sa part d'autorité est plus grande que celle de chacun de ses copartageans, on prête le nom de ROI, quoique dès-lors qu'elle n'est point à elle seule le Souverain et le Gouvernement, ou dès-lors qu'elle ne gouverne pas seule, elle ne soit réellement pas un Monarque, ni son État une pure et vraie monarchie;

2.° Une corporation de nobles, dont les membres sont héréditaires et font partie de ce corps par le droit de leur naissance;

3.° Une corporation de principaux citoyens élus membres de ce corps, ou de cette personne morale, pour un temps déterminé, par les comtés, villes et bourgs.

Voilà donc trois différentes espèces de personnes, lesquelles, dans la constitution particulière dont il s'agit, sont censées et réputées ne former et constituer ensemble, ou dans leur réunion en une unité fictive, qu'un seul et même être, qu'un seul et même Souverain, comme (toutefois si cette comparaison est permise), les trois Personnes de la Sainte Trinité ne sont qu'un seul et même Dieu. Mais, en le prenant pour la personne qui gouverne, ou qui a le droit de gouverner, et même pour la manière dont l'État est ou doit être gouverné, qu'est en soi, dans son intrinsèque consistance, le Gouvernement de ce Souverain triparti ? Est-il monarchique ? Est-il aristocratique ? Est-il démocratique ? — Non, puisqu'aucune des trois Personnes de cette Trinité souveraine ne possède en entier la puissance d'un Souverain, et que d'ailleurs, ni ensemble, ni séparément, elles ne sont ni un vrai Monarque, ni un vrai Souverain, soit d'une véritable aristocratie, soit d'une véritable démocratie. — Qu'est-il donc ? — Un mélange de trois différentes espèces ou formes de Gouvernement, dont la nature ne peut être bien déterminée qu'en décomposant exactement ce mixte.

Et en effet, si de cette Trinité souveraine, 1.° on élimine les seconde et troisième Personnes, pour attribuer en pensée à la première, la portion de la puissance, ou de l'autorité souveraine appartenant à chacune d'elles, on aura un vrai Monarque, dont le Gouvernement sera monarchique.

2.° Si l'on élimine la première et la troisième Personne, pour attribuer à la seconde en seul, leurs portions de la puissance souveraine, il ne restera pour gouverner l'État qu'une corporation de nobles, dont les membres sont héréditaires, et cette corporation deviendra le vrai Souverain d'une aristocratie héréditaire.

3.° Si l'on élimine les deux premières Personnes pour attribuer leurs portions de la Souveraineté à la troisième, celle-ci deviendra par cette opération, l'unique Souverain de l'État; et comme elle n'est en soi qu'une corporation des principaux citoyens, dont les membres sont élus pour un temps et en un mode réglés par la constitution de l'État, son Gouvernement ne saurait être que celui du Souverain d'une aristocratie élective et temporaire.

Par conséquent, en remettant maintenant à sa place chacune des personnes éliminées dans les trois opérations précédentes, et en lui restituant la portion d'autorité dont elles ne l'avaient dépouillée qu'idéalement et momentanément, ces trois Personnes formeront ensemble un seul et même Souverain, composé de celui d'une monarchie et de ceux de deux différentes espèces d'aristocraties. Par conséquent encore le Gouvernement de ce Souverain triparti sera un mélange de ces trois formes simples : c'est-à-dire, de monarchie, d'aristocratie héréditaire et d'aristocratie élective. (1) Or, en quel sens le Gouver-

---

(1) Il est facile de voir que l'erreur des gens qui se figurent que le gouvernement de l'Angleterre est un mixte de monarchie, d'aristocratie et de démocratie, ne vient que de ce qu'ils perdent de vue l'existence des aristocraties purement électives, et cette méprise les a conduits à supposer, pour se déguiser le vice évident de leur opinion, que l'aristocratie élective est une démocratie représentée ou représentative. Mais en faisant cette supposition, ils n'ont pas eu le sens ou le bon esprit de prévoir, qu'un milliard d'individus pouvant être également représentés par un seul ou par mille, ils n'étaient pas mieux fondés à prétendre cela, qu'à soutenir que l'aristocratie héréditaire et que la monarchie ne sont l'une et l'autre qu'une démocratie représentée.

nement d'un Souverain formé par la réunion de ces trois élémens en un seul et même être, en une seule et même personne idéale et feinte, pourrait-il être un Gouvernement représentatif ?

Dans leur ensemble, les trois Personnes de cette Trinité sont un Souverain ; elles ne représentent donc que le Souverain.

Envisagées séparément, chacune d'elles n'est, quand elle exerce la puissance qui lui appartient de droit, qu'une portion du Souverain et ne représente alors qu'elle-même, par la raison que les parties d'un tout étant toujours de même nature que leur tout, elles ne sont jamais et ne sauraient représenter chacune en soi, que ce qu'elle est et représente dans ce même tout. Un Gouvernement mixte, ou mélangé de monarchie, d'aristocratie héréditaire et d'aristocratie élective, n'est donc, sous nul rapport, un *Gouvernement représentatif*. Ce serait donc sans raison suffisante qu'on le gratifierait de cette denomination composée.

En vain m'objecterait-on que cependant l'auteur qui nous décrit la constitution dont il s'agit, appelle la troisième Personne de sa

Trinité souveraine, *un corps choisi pour représenter le peuple;* cette objection ne prouverait rien contre mon opinion. Car je ne m'arrêterai pas à leur observer que, néanmoins cet auteur n'a pas trouvé que cette légère circonstance fût suffisante pour l'autoriser à nommer *Gouvernement représentatif*, celui du pays auquel il attribuait cette constitution, puisque jamais et nulle part dans son livre, il ne s'est servi de cette dénomination; mais je leur répondrai : les mots ne sont point les choses, ni ne les font : il n'est même que trop ordinaire de les appliquer à faux et de les présenter et faire trouver où les choses qu'ils ne désignent que par simple convention, ne sont point du tout et ne furent jamais. Mais, me demandez-vous, peut-être, est-ce ici le cas de faire cette réponse? — Je le crois très-fort, et je vais tâcher de vous prouver que ce n'est pas sans fondement.

En premier lieu, je remarque que cette expression, *un corps choisi pour représenter le peuple*, est ambiguë, obscure et par conséquent vicieuse. Elle peut entr'autres, signifier que ce corps représente le Souverain de la démocratie, et que le Souverain c'est le peuple ; chose très-fausse en soi, puisque le peuple n'est le Souverain que dans la vraie démocratie, dans la démocratie pure et simple ; puisqu'il n'existe vraiment une vraie démocratie que dans les cités où le corps de tous les citoyens sans exception exerce seul, et par lui-même, la puissance souveraine ; puisque partout où cette puissance est exercée par une corporation d'individus de beaucoup inférieure à la moitié du nombre des citoyens, le Gouvernement est aristocratique, et le peuple sujet, mais point du tout un Souverain ; puisqu'une aristocratie élective n'est nullement une démocratie ni représentée, ni représentative ; puisqu'enfin ces mots *une démocratie représentée, une démocratie représentative* sont une absurdité, ne désignent qu'une ridicule chimère.

Néanmoins, si par *Gouvernement représentatif*, on ne voulait faire entendre autre chose, sinon que la puissance souveraine appartient au peuple, qu'il la fait exercer par ses représentans, et que ses représentans ne sont point le Souverain, mais qu'ils constituent seulement une *démocratie* ou *représentée*, ou *représentative ;* pourquoi ne pas le dire franchement en termes clairs et précis ? Serait-ce parce que l'on craindrait de fournir soi-même aux moins clair-voyans, les moyens de se convaincre de la fausseté de ces idées creuses et chimériques ?

En second lieu, *représenter*, c'est parler et agir au nom d'autrui ; c'est faire pour un autre ce que la personne représentée a le droit certain de faire elle-même ou de faire faire en son nom par ses procureurs-fondés, lorsqu'elle le juge à propos. *Le peuple ;* ce sont partout tous les sujets, excepté dans la démocratie, où il est à la fois le souverain et les sujets.

Or, je le demande, la troisième Personne de la Trinité souveraine dont nous parlons, agit-elle, parle-t-elle au nom des sujets, et fait-elle pour eux, ou en leur nom, ce qu'ils ont le droit positif et certain de faire par eux-mêmes quand cela leur plaît, lorsque de concert avec les deux premières Personnes de la même Trinité, elle leur dicte et impose des lois ? — Non, puisqu'alors elle commande à tous ceux dont le devoir est d'obéir. Or, qui commande n'exerce point un droit, lequel appartienne vraiment à ceux qui sont dans l'obligation étroite de lui obéir. Elle n'est donc pas réellement alors le représentant des sujets, ou du peuple : elle n'est au contraire, qu'un corps faisant partie de leur Souverain composé, et usant de droits qui n'appartiennent qu'aux seuls propriétaires de la puissance ou de l'autorité souveraine.

En troisième lieu, représenter les sujets et ne faire en leur nom que ce qu'ils ont le droit de faire et de faire opérer pour eux, c'est être aussi sujet qu'eux; de plus, c'est n'avoir aucune autorité légitime ni sur eux-mêmes, ni sur personne. Ainsi de deux choses l'une,

Ou la corporation qu'on nous désigne comme un corps choisi pour représenter tous les sujets, n'est qu'une corporation de sujets et sujette, et alors il sera faux qu'elle soit partie intégrante de la personne du Souverain d'un État dont le Gouvernement est mixte;

Ou bien elle est vraiment l'une des parties composantes de ce Souverain, et alors il sera faux non-seulement qu'elle représente le peuple, ou tous les sujets, mais encore qu'elle rende le Gouvernement du tout dont elle fait partie, un Gouvernement représentatif.

Pour quelle de ces deux alternatives que l'on se décide, ce sera toujours une fausse application de mots que de nommer cette corporation *un corps choisi pour représenter le peuple*, dans le premier cas, parce qu'une corporation de sujets et sujette ne gouverne pas, ni ne fait partie du Gouvernement pris pour l'action de gouverner et d'exercer une autorité législative, ou autre puissance; et dans le second cas, parce qu'une corporation, laquelle fait partie intégrante de la personne d'un Souverain composé de trois élémens distincs, agit en Souverain et nullement en simple représentant de tous les sujets, toutes les fois qu'elle concourt à leur imposer des lois, c'est-à-dire, toutes les fois qu'elle fait usage de sa puissance législative.

En vain m'objecterait-on encore, que, »comme dans un état libre, tout homme qui »est censé avoir une âme libre, doit être »gouverné par lui-même; il faudrait que le »peuple en corps eût la puissance législative: »mais comme cela est impossible dans les »grands États, et est sujet à beaucoup d'in-

»convéniens dans les petits, il faut que le »peuple fasse par ses représentans tout ce »qu'il ne peut faire par lui-même». Car quoique je veuille bien m'abstenir de qualifier tout cela d'absurdités, ces assertions ne sont néanmoins que d'assez lourdes et ridicules erreurs.

En effet,

1.° Un État n'étant en soi qu'une simple manière d'être, il ne saurait avoir nul de ces attributs qui ne peuvent appartenir qu'à des êtres réels, qu'à de véritables agens. Par conséquent, dire qu'un État est, ou n'est pas libre, c'est abuser du langage et de la raison ; c'est même abuser, ou plutôt très-mal user de sa propre liberté.

2.° Dans tous les pays du monde, tout homme vraiment homme, a par nature une âme essentiellement libre. C'est donc une vraie niaiserie de dire simplement : « Dans »un État libre, tout homme est CENSÉ avoir »une âme libre. »

3.° Nulle part, pas même dans le pur état de nature, où tout homme est non-seulement libre mais encore indépendant de toute autre autorité que celle de Dieu seul ; nulle part, dis-je, nul homme ne doit être gouverné par lui-même, puisque dans le pur état de nature (et ceci est bien différent), tout homme doit se gouverner lui-même d'après les lois de l'équité, telles qu'il plaît à chacun de les entendre; et puisque dans l'état civil, chacun doit se gouverner lui-même d'après ces mêmes lois, prises de bonne foi dans le sens que son légitime Souverain leur a fixé dans des lois humaines.

4.° Dès-lors qu'il est donc faux de dire : *Comme dans un État libre tout homme qui est censé avoir une âme libre doit être gouverné par lui-même ;* dès-lors, dis-je, que cela est faux, il n'est ni ne saurait être vrai d'en conclure *qu'il faudrait que le peuple en corps eût la puissance législative.......... Il faudrait !* Mais en vertu de quoi le faudrait-il ? Rien sans cause ni titre ; et l'on défie qui que ce soit d'indiquer un titre, ou une cause qui veuille et exige que le peuple en corps ait cette puissance. D'ailleurs partout où le peuple en corps l'aurait et l'exercerait, il serait très-faux de dire que là tout homme est gouverné par lui-même. Au contraire chacun y serait gouverné par tous les autres ou par leur majorité. Car dans la plus pure des démocraties qu'on pourrait imaginer, chaqu'individu est incontestablement le sujet, ou même l'esclave de tous les autres.

Lorsqu'il est très-réellement faux, qu'il *faut que dans un État libre, où tout homme libre doit être gouverné par lui-même, le peuple en corps ait la puissance législative*, peu importe ensuite d'examiner si *cela est impossible dans les grands États et sujet à beaucoup d'inconvéniens dans les petits*. Cette double circonstance n'ajoute, ni n'ôte rien à la fausseté de la chose. Elle ne saurait empêcher que ce ne soit conclure à faux et tomber dans une autre erreur, que d'inférer de cette supposition fausse, qu'*il faut que dans un État libre, le peuple fasse par ses représentans CE qu'il ne peut faire par lui-même.*

Cette conséquence n'est pas moins fausse que le soi-disant principe d'où on l'a déduit. La vérité est au contraire ceci :

L'auteur de toutes choses n'ayant attribué la puissance législative, ni rien à nul être collectif, nulle part il n'y a nulle absolue nécessité que le peuple en corps ait la puissance législative.

Quand il n'y a nulle absolue nécessité qu'il l'ait, il n'est pas permis de dire : *il FAUT qu'il l'ait*. Mais partout où elle lui appartient vraiment, et lui est acquise à titre légitime, il FAUT qu'il l'exerce par lui-même. Car il cesse de l'avoir, elle ne lui appartient plus et il la perd, aussitôt qu'il la fait exercer par de soi-disans représentans, et cela, parce qu'alors ces derniers deviennent, dans toute la réalité du fait, ses vrais maîtres, ses dominateurs ; en un mot, son souverain, soit en tout, soit en partie. En conséquence, lorsqu'il n'est pas possible au peuple en corps d'exercer la puissance législative, il FAUT que chacun de ses individus renonçant à toute idée ou système de démocratie, se donne un tout autre Souverain que la personne idéale et fictive de tous les autres.

Mais si pour lors, ils choisissent tous d'un commun concert, un Souverain qui, comme dans la constitution dont nous parlons, soit composé d'un homme seul et de deux corporations aristocratiques, dont l'une serait héréditaire et l'autre élective, mais réputés n'être les trois ensemble qu'une seule et même personne, ils établiront un vrai Gouvernement despotique, et pas autre chose. Ce Souverain triparti, ne sera-t-il pas, en effet, maître de faire et défaire les lois, de les abroger et de leur en substituer d'autres, toutes les fois qu'il le jugera à propos et que cela lui plaira ? — En cela seul consiste le vrai despotisme, et c'est ce qui rend toutes les formes de Gouvernement également susceptibles d'être despotiques : tel est même le motif pour lequel j'avais dit, Monsieur, dans le *post-scriptum* qui ne vous paraît pas assez profondément médité : « Le vrai des- » potisme existe dans tous les États où la loi » ne doit point être un contrat formel entre le » Souverain qui ordonne son exécution et les » sujets qui s'y obligent explicitement et libre- » ment, et où de plus, il est loisible de ra- » mener impunément à exécution des lois qui » ne furent jamais revêtues de l'exprès con- » sentement des sujets ». Or, cela m'avertit, qu'il me resterait encore à vous entretenir de la monarchie limitée et tempérée.

Dans cette espèce particulière d'États, toute la puissance, ou toute l'autorité souveraine appartient en entier et sans partage, ni division avec qui que ce soit dans le monde, à un seul homme généralement nommé *le Monarque*. A lui seul appartient exclusivement le droit de gouverner tous ses sujets. Lui seul constitue le gouvernement de ses États, parce que toute autre personne qui y exercerait quelqu'autre autorité légitime, a nécessairement dû la recevoir de lui seul, ne peut l'exercer qu'en son nom, ou de sa part, lui est nécessairement subordonnée et ne doit être envisagée que comme un simple délégué, comme un agent, comme un instrument que le Souverain met en œuvre, afin de mieux donner à l'action et à l'influence de son autorité toute l'étendue qu'il est nécessaire qu'elles obtiennent. Mais cette autorité n'est pas illimitée et sans bornes. Elle est au contraire, entourée de toutes parts, dans le champ de son exercice, de limites qu'elle ne doit pas dépasser et qui sont destinées à l'empêcher, uniquement par leur force d'inertie, d'aller plus loin, et à l'obliger de se tenir continuellement renfermées dans la juste mesure d'une activité vraiment équitable et légitime. Mais elles ne font nullement partie intégrante de la puissance souveraine, ou du Gouvernement, pas plus que les digues que nous opposons aux flots, aux vagues de la mer, ne sont partie de l'onde qui forme et compose ces vagues.

Les plus essentielles de ces limites consistent en ce que,

1.° Le Monarque a contracté l'obligation de ne gouverner que d'après, ou selon les règles établies par des lois fixes et connues de tous ses sujets, ou du moins susceptibles d'être réputées connues de tous.

2.° Aucune nouvelle loi ne peut légitimement être introduite dans l'État, ni nulle des anciennes lois être abrogée et changée sans le concours du libre et volontaire consentement des sujets ; mais, soit dit en passant, ce droit des sujets à consentir librement et volontairement les lois, avant d'être tenus de les exécuter, n'est point du tout sa liberté, ni n'a rien de commun avec l'essence de la chose à laquelle ce nom appartient en propre.

3.° Les agens et officiers du prince sont seuls responsables, et de plus, punissables de tout ce qu'ils font de contraire aux vœux des lois existantes, ainsi que de tous ceux de leurs actes qu'aucune des lois volontairement et librement consenties par les sujets n'autorisait.

Dans les grandes monarchies, il est impossible d'assembler tous les sujets pour obtenir leur libre consentement aux nouvelles lois. Mais on y remédie à cette impossibilité, en divisant leur territoire par provinces, par départemens, ou par tel autre nom qu'on juge à propos de donner à ces divisions ou sections de territoire, et en autorisant tous les habitans de chacune à envoyer un, deux, ou un plus grand nombre de députés conférer avec les députés des autres provinces ou départemens, sur tous les projets de nouvelles lois, qui leur seront proposées de la part du Monarque, et à munir ces députés d'un mandat, ou procuration portant le pouvoir spécial de les consentir au nom de leurs commettans et de contracter pour ces derniers l'obligation de les exécuter, s'il est reconnu qu'elles sont utiles, nécessaires et justes; et dans le cas contraire, c'est-à-dire, si étant opposées aux imprescriptibles vœux de l'équité, elles étaient réellement lésives des droits certains et positifs de quelqu'un, d'en rejeter le projet en lui refusant tout consentement de leur part.

Par ce double moyen, dans ces sortes d'États, les lois sont un vrai contrat entre le Monarque qui ordonne ce qu'elles prescrivent, et ses sujets qui s'obligent à les exécuter, quand ils leur accordent leur libre consentement. Mais comme ce n'est point par eux-mêmes, mais uniquement par des fondés de pouvoir qui les représentent, que les sujets les consentent librement, serait-on en droit de dire que c'est précisément cette circonstance, qui fait que les monarchies limitées et tempérées ne sont que des *Gouvernemens représentatifs ?* Je ne crois cette question susceptible que d'une solution absolument négative,

1.° Parce que le simple droit de consentir et de contracter une obligation n'est point du tout un droit d'ordonner, de commander, et d'imposer cette même obligation à d'autres qu'à soi-même et à ses ayants fait et cause ;

2.° Parce que le droit de consentir une chose n'est, ni ne donne celui de l'établir ;

3.° Parce que s'obliger à faire une chose,

n'est point du tout un acte de puissance souveraine ;

4.° Parce que la réserve que des sujets ont faite dans leur pacte social, de ne pouvoir légitimement être tenus de l'exécution d'une loi, qu'après qu'elle aura été librement consentie par eux-mêmes, ou bien en leur nom, en un mode régulier et primitivement convenu entre tous, n'est point du tout, quoiqu'elle la circonscrive et reserre dans de justes limites, une partie intégrante de la puissance législative;

5.° Parce qu'en usant de cette réserve dans toute son étendue et plénitude, les sujets ne gouvernent point alors l'État, ni ne deviennent par cela seul, ni son Souverain, ni partie fractionnaire de la personne factice d'un Souverain composé de plusieurs individus assimilés dans leur ensemble à un seul homme ;

6.° Parce que les mandataires des sujets n'agissant pas de leur propre chef lorsqu'ils stipulent et contractent au nom de leurs commettans, ils n'exercent alors aucune autorité, ni supériorité sur ces derniers, ni ne les régissent ;

7.° Parce qu'en exécutant avec fidélité la procuration, ou le mandat, dont leurs commettans les ont investis, les députés des provinces, ou des départemens, ou autres divisions territoriales, ne font qu'obéir à ces commettans, et ne leur commandent rien ;

8.° Enfin, parce que ce ne sont point ces députés qui gouvernent l'État, que même ils ne coopèrent en rien, ni pour rien, à l'action de le gouverner, et que par conséquent ils ne sont nullement ni le Gouvernement, ni l'une des parties intégrantes du Gouvernement.

Refusons-leur d'ailleurs le titre de représentans du peuple, ou des sujets, lequel ne leur appartient réellement pas, et contentons-nous de ne les jamais nommer que les députés, les mandataires, les procureurs-fondés des provinces ou des départemens : que deviendrait ensuite, sur quoi resterait appuyée l'expression *Gouvernement représentatif ?* Sur rien du tout, et on la verrait s'évanouir et disparaître avec le mot *représentant ;* tant il est certain que même les plus terribles des querelles qui s'élèvent entre les hommes, roulent presque toujours sur des mots faussement appliqués et employés par une ambition trop effrénée, de la part des uns, et de celle des autres, par imprudence, par inconséquence, ou par faiblesse d'esprit et de jugement.

Enfin, Monsieur, j'aperçois le dernier terme de la tâche que je m'étais proposé de remplir. J'ose espérer que cette fois, son sujet ne vous paraîtra pas insuffisamment approfondi. Mais toute cette masse de considérations que je viens de vous exposer, ne me donnerait-elle pas le droit d'en conclure, 1.° qu'il n'existe réellement au monde aucune chose à laquelle on puisse raisonnablement donner le nom de *Gouvernement représentatif*; 2.° que les inventeurs de cette dénomination composée ne sont que des fourbes et des imposteurs qui, non-contens d'avoir corrompu l'esprit et le cœur de l'aveugle multitude, veulent aussi gâter, altérer, abâtardir, frelater, corrompre et sophistiquer le langage de nos pères, pour n'en faire qu'un incommode et nuisible jargon; 3.° que ceux qui la répètent après eux se ravalent eux-mêmes au niveau des perroquets, ou de ces vains échos, qui ne font retentir à nos oreilles que des bruits de voix articulée, entièrement vides de sens ? C'est une simple question que je vous laisse le soin de décider.

Veuillez agréer, Monsieur, l'assurance de mon estime.

François DE MARRENX.

A Montgaillard, le 8 février 1817.

AVIS.

La lettre sur le Pacte social, qui a occasionné celle-ci, se trouve à Toulouse, chez M. DOULADOURE, Imprimeur-Libraire, rue St. Rome, n.° 44.

www.ingramcontent.com/pod-product-compliance
Ingram Content Group UK Ltd.
Pitfield, Milton Keynes, MK11 3LW, UK
UKHW021007180726
13838UKWH00003B/1475

9 782329 431994